●生涯学習ブックレット

人は終生の師をもつべし

寺田　一清

目次

人は終生の師をもつべし

表紙デザイン　レフ・デザイン工房　神田程史

はじめに――師ありてこそ

このたびモラロジー研究所の「生涯学習ブックレット」に加えていただき、発行することになりました。もとよりその任にあらぬものですが、恩師に導かれた体験の一端を述べる機会を与えられたことを慶《よろこ》ばしく思います。

愚かなる私《わたくし》も、八十路《やそじ》を越えて人生を省みますとき、「師恩友益《しおんゆうえき》」の一語に尽きるのを痛感するばかりです。

みいのちに触りせざりせばおぞの身の
いのちいかにか生きむとやせし

この一首は、森信三先生（神戸大学教授、哲学者・教育者、一八九六～一九九二）が、その生涯の師・西晋一郎《にししんいちろう》先生（倫理哲学者、一八七三～一九四三）に捧げられた歌です。これは、「ご縁あって先生に接することができなかったら、私のような愚鈍な者がどうしてきょう今日までいのち長らえて、生きることができたでしょうか。全く、先生の道縁をいただき、ご指導を仰ぐことができましたおかげであります」との感懐を歌われたものです。私もこの言葉をわが生涯の師ならびに道縁の方々に捧げたく思います。

道ゆく者にとって、偉大なる師の導きがいかにありがたいことかについて、まず次の語録を引用させていただくことにいたします。

人はすべからく終生の師をもつべし。
真に卓越せる師をもつ者は、終生道を求めて留まることなく、
その状あたかも北斗の星を望んで航行するが如し。

○

天下第一等の師につきてこそ、真に生甲斐ありというべし。

（『森信三先生「一日一語」』より）

私の一生を省みましても、その場その時における尊師との巡り会いが、いかにありがたい天の恩恵であったかを痛感いたします。「巡り会いの不思議に掌を合わしましょう」とも言われています。また、「会い難くして会うを得たり、聞き難くして聞くを得たり」との謝念も、思えば確かに実感しております。

時間的順序から言えば、私は人生において、①廣池《ひろいけ》千九郎《ちくろう》博士（一八六六～一九三八）のモラロジーの教え、次に、②天理教教祖・中山みき様（一七九八～一八八七）の教えに接しました。そして最終的に、③生身の師・森信三先生にお出会いしました。生きています師、森先生に幸いにもお会いし、二十七年間、身近に接してお仕えすることができました。それは、僥倖《ぎょうこう》としか言いようがございません。著述だけの出会いではないのです。書物をとおしての学びは平面的ですが、生きています師に接し得れば、立体的に学ぶことができます。これが何よりありがたいのです。

この三人の先生方のほかにも、師をとおして得た道縁の先輩・諸先生という準師道友が、数多くおられます。今そのすべての方々のお名前はここに挙げませんが、印象深い先生方、七名のお名前だけでもここに挙げさせていただきましょう。雪本《ゆきもと》清三郎《せいざぶろう》先生、東井義雄《とういよしお》先生（注（1））、徳永康起《とくながやすき》先生（注（2））、坂村真民《さかむらしんみん》先生（注（3））、鍵山秀三郎《かぎやまひでさぶろう》先生（注（4））、甲田光雄《こうだみつお》先生（注（5））、塩谷信男《しおやのぶお》先生（注（6））です。とりわけ、中でも多年にわたり、今なお敬慕してやまぬのは、一人の生身の師・鍵山秀三郎先生です。

本稿におきましては、私の求道遍歴の時代的順序として、①廣池千九郎博士、②中山みき様、③森信三先生に限定し、お話を進めたいと思います。

編注
（1）東井義雄（日本のペスタロッチと呼ばれた教育者、一九一二～一九九一）
（2）徳永康起（超凡破格と言われた教育者、一九一二～一九七九）
（3）坂村真民先生（「念ずれば花ひらく」で知られる仏教詩人、一九〇九～二〇〇六）
（4）鍵山秀三郎（㈱イエローハット創業者、一九三三～）
（5）甲田光雄（医学博士、断食による健康法を提唱、一九二四～二〇〇八）
（6）塩谷信男（医学博士、「正心調息法」提唱者、一九〇二～二〇〇八）

心に引っ掛かったひと言

これから私の人生の求道遍歴をありのままに述べて、読者の皆様の参考にしていただければと思います。

私は、人間の生き方を学ぶための「天分塾《てんぶんじゅく》」に平成十年（一九九八）の創立からかかわり、その顧問を務めて十三年になります。この塾は、「人間は、一人一天分を授かって生まれている。すなわち、一人一使命を託されている」という理念のもと、一人ひとりの人生に寄与するために大阪・中之島で開設されている私塾です。

塾頭の鈴木民二さんは天理大学在学中に上京し、作家・武者小路実篤氏に師事された方です。副塾頭の西中務さんは弁護士で、モラロジーを学んでいます。モラロジーと天理教の両方の教えに接してきた私が顧問になったというのも、不思議な縁《えにし》を感じています。

私のような愚かな人間でも、多くの師に巡り会い、いろいろなご縁をいただき、今日に至っています。

まず、モラロジーとのご縁を申し上げたいと思います。昭和十九年（一九四四）、私は東亜外事専門学校（麗澤大学の前身。昭和十年、法学博士・廣池千九郎が開設した「道徳科学専攻塾」の流れを汲む）で学んでいたことがあります。その在学中のことで、今でも深く印象に残っていることがあります。

当時は戦時中で、週に一度、山本恒次《つねじ》先生によるモラロジーの授業がありました。私が十八歳で、山本先生は三十五歳ぐらいの青年教師でした。ほかに英語教師として松浦興祐《こうすけ》先生、倫理哲学の先生として池上周二《しゅうじ》先生という方々がいらっしゃいました。池上先生はたぶん教科だけを教えに来られていたと思います。授業ではモラロジーをほかの先生方とは違った視点、倫理哲学という学問の立場から説明されていたと思います。私はこの池上先生の授業の影響を受け、心を惹《ひ》かれていました。

山本恒次先生は授業でよく、創立者・廣池千九郎博士の『道徳科学の論文』に基づいて「伝統」（人間生活を根底から支える恩人の系列）についての話をされました。私は両親がモラロジーを学んでいたおかげで、自宅で家庭座談会が開かれていて、十五、六歳のころから「国家伝統、家の伝統、精神伝統、準伝統」という言葉は聞いていました。ですから「伝統」という言葉はよく知っていましたが、山本先生の説明を聞いても、言わんとするところが心に入ってこないのです。

時々、キャンパス内にあるお宅にまでうかがって、ご指導いただきました。山本先生は若く、モラロジーについて一生懸命に説明してくださいました。しかし、理屈としてはわかるのですが、肚《はら》に収まらないという感覚でした。自分でもなぜわからないのか説明できないのです。モラロジーのどこに引っ掛かっているのかということさえもわからないのです。

その当時、授業中に質問するような人は誰もいなかったと思います。一方的に話を聞くだけでした。私が少し理屈っぽいのか、山本先生に「先生のおっしゃることの意味はわかるけれども、どうもストンと肚に入りません」と質問をしました。

山本先生はおかしなことを言う生徒だと思われたでしょう。いろいろ説明してくださいましたが、私が納得しないので、最後に山本先生は「あなたはよほど徳がないんだなあ」と言われました。

私に徳がないことは事実でしょうが、やはり納得することができず、〝何に私が引っ掛かっているのかということを、山本先生もわかっていらっしゃらないだろう〟と思いました。そして〝優等生に劣等生の悩みはわからないだろう〟と考えて、もうそれ以上の質問はしませんでした。

その後、私は「あなたはよほど徳がないんだなあ」という言葉が心に引っ掛かってい て、今日まで山本恒次先生の名前をずっと覚えているわけです。山本先生はとにかく立派な先生でした。満九十六歳まで生きられ、天寿を全うされたということを知り、私もたいへん感慨深いものがあります。

若い私が理解できなかったのは、親孝行の「孝」でした。その後、天理教の教えに接してからも孝についての話を聞きましたが、やはり肚に入りませんでした。孝の意味がストンと肚に入ったのは、森信三先生にお出会いしてからでした。森信三先生についても後で詳しく述べたいと思います。

この物わかりの遅い、不徳なる者の求道の歩みについて述べたいと思います。

呉服商を家業として

私の父は寺田喜代太郎《きよたろう》という名前で、十三人きょうだいの長男として大阪に生まれました。父は最初、米屋を営んでいましたが、商売に失敗して、酒店で働いていました。その後、呉服屋の外商を習って、大正十三年（一九二四）に呉服屋を始めました。

父は岸和田市の商店街にある店の軒下を借りて、そこで商売を始めました。戸板一枚に反物を並べ、お祭りの日に売っていたのです。ところが、その商店街で火災が発生し、類焼によって、軒下を貸してくれていた店は商売をやめました。父はその火事の跡地を買って新しい店を建て、再び呉服商として営業を始めました。

父はそれなりの苦労を重ねて、店が七、八十ある商店街の中でも指折りの呉服商に発展させました。

父が呉服店を開いて三年後の昭和二年、私は次男として岸和田に生まれました。上には兄のほかに姉が二人いました。そのころ商売は繁盛し、店員さん、外商の人、お手伝いさんもいるという、たいへん恵まれた境遇で育ちました。

兄は一回り年齢が違いましたが、少し病弱でしかも神経症でした。その兄が徴兵されました。徴兵検査は甲種合格から丙種合格までありましたが、その兄が甲種に繰り上げて兵役に服したのです。兄のような体の弱い者が召集されるのだから、日本は駄目だなあと思いました。兄は敗戦後、収容所生活ののち帰ってきました。帰ってくるなり結核を患い、結核療養所に入って一年もたたないうちに亡くなりました。

私は兄が商売を継ぐと思っていましたので、自分で商売を継ぐ意志はありませんでした。しかし、兄が死んだことで継がざるを得なくなり、結局、商売を自分の息子に譲るまでの三十八年間、呉服商を営みました。

モラロジーを熱心に学ぶ家庭

父は岸和田市で自転車屋を営む尾崎さんという熱心な研究者のお誘いで、モラロジーを知りました。自宅が広かったこともあり、やがて一週間あった地方講習会の講師の宿泊所を、わが家が担当するようになりました。そのおかげで、わが家では毎月、そうした講師によるモラロジーの家庭座談会がありました。座談会のある日は、呉服店の店先に提灯《ちょうちん》をつって、商売を早く切り上げたものです。二階の二間のふすまを外した大きな部屋を会場にして、常に三、四十人が参加されていました。会場には「慈悲寛大自己反省」「忠誠努力して要求せず」などの格言や、最高道徳の概覧表が貼ってあったことを鮮明に覚えています。また、父親が毎朝、神棚の前で祝詞《のりと》奏上《そうじょう》を行い、その際、私たち家族は頭を垂れて聞いていました。

　話が前後しますが、私の父はもちろん、兄と二人の姉も道徳科学専攻塾別科を修了しておりました。その当時、別科の研修期間は三か月でした。また、兄と姉は、大阪講堂の責任者であった白木《しらき》茂安《しげやす》先生という方のお世話で結婚しているのです。父も熱心な会員で、白木先生にはずいぶんかわいがってもらったようです。

　そのような家庭でしたので、母は父に面と向かってモラロジーを学ぶことに反対はしませんでした。しかし、母はそのころ天理教の話もよく聞いていて、「モラロジーは難しい。天理教の話はわかりがいい」と言うのです。それに対して父は、「モラロジーは学問なんだよ」というような説明をしていました。母はモラロジーよりも天理教に共感を覚えていたと思います。

このような中、私は父と母のどちらにも共鳴することなく、モラロジーと天理教を比較することに熱心でした。特に『道徳科学の論文』の中にある格言が好きで、漢文調のものを好んで読んでいました。

戦時中の東亜外事専門学校

私には小学校のころから進学の目標があり、旧制中学校を目指していました。当時、旧制中学校へ行く生徒は少なく、クラスに五人ぐらいしかなかったものです。私は勉強が好きだったのですが、体格が芳しくなく、体力テストがあると、A・B・C段階のいちばん下のCクラスでした。軍事教練で鍛えられましたが、体力がないので惨めな思いもしました。私なりに勉強にも努力しましたが、中学卒業後に志望した学校はすべて落ちてしまいました。

そのため、最後に東亜外事専門学校を受験することになり、はるか千葉県にまで出かけてお世話になったわけです。

私が入学した当時、東亜外事専門学校には決戦部隊の軍隊が駐屯していました。また、食糧事情が悪く、食事はジャガイモを蒸したものが二つというようなことがありました。そこで私は、実家に、「パンツでもシャツでも何でもええから、綿の物を送ってくれ」と連絡し、家から送ってもらった綿製品を持って農家へ行き、食料と交換してもらいました。分けてもらったイモや米を洗面器で蒸したり、飯ごうで炊いたりして空腹をしのぐという寮生活でした。

戦時中だったので、授業はほとんど行われず、マレー語と英語を少し習ったぐらいでした。また、銃剣術の練習もしましたが、ほとんど勤労奉仕に駆り出されるという日々を送りました。

そのような中、戦況はだんだんと悪くなりましたが、日本は絶対に負けない、わが国は天皇をいただいているのだから、いつかは神風が吹くのだと、私たちは信じて疑いませんでした。

しかし、昭和二十年八月十五日の朝、「講堂に集まれ」という連絡があり、私たち生徒全員が集められました。白い布で覆われた机の上にラジオが一つ置かれていました。なんの放送が始まるのだろうかと思っていると、ラジオから天皇陛下による終戦の詔勅が流れました。「ザーザーザーザー」という雑音が入ってあまりよく聞こえませんでしたが、「堪え難きを堪え、忍び難きを忍び」という箇所はよく聞こえました。これが陛下の玉音かと思うと、不思議な感じがしました。そして、そのとき、日本が負けたのだと知りました。

解散すると、みんな寮に帰って号泣しました。絶対に負けないと信じていたので、一気に身体から力が抜けていったことを覚えています。

戦争が終結したので、生徒たちは帰省することになりました。私は夜を徹して東京駅まで歩き、並んで切符を買いました。そして、石炭を積むような天井のない雨ざらしの無蓋車《むがいしゃ》に乗り、寝る場所もない狭い車両の中で、帰還兵と一緒に座ったままの状態で東京から大阪まで、丸一日かけて帰りました。

列車は走っては停まり、また動いては停まるということを繰り返していました。そのとき、戦災によって廃墟と化した街が目に入り、日本はやはり負けたのだという思いに打ちのめされました。

信仰の始まり

郷里に帰ってしばらくすると、兄が軍隊から帰ってきました。元来体が弱かったのですが、外地に出征したことで弱りきって、結核を患っていました。帰還後、療養所に入りましたが、一年もたたないうちに亡くなってしまいました。終戦後、私は東亜外事専門学校を一度辞めたのですが、昭和二十一年に復学しました。しかし、私も結核を患って再び退学し、郷里の岸和田に帰りました。兄が亡くなり、私も結核で療養しているため、「寺田さんのところは男二人とも駄目だなあ」と近所の商店街の人から言われるような、悲惨な状態でした。

そのころから私自身と天理教との縁が始まりました。兄が亡くなり、私も療養をしているとき、元々は呉服商だった雪本清三郎先生という天理教の先生に、母が相談しました。「うちの息子が病弱で困っている」ということで相談したのだろうと思います。そのため、雪本清三郎先生がわが家にやってきて、病床の私に話をしてくださいました。

「あなた、そんなに寝て本ばかり読んで、薬を山ほど飲んでいたら、しまいには再起不能だよ。だから、もう薬を飲むのをやめなさい。身体には自然に守ってくださる力が働き、神様が守ってくださるのです。本も手放して、その本を売ったお金は賽銭箱《さいせんばこ》に入れておきなさい」

私は言われるとおりにしました。当時の結核の薬は「パス」といってたいへん高額でしたが、捨てました。当時は本が珍しく、古本屋へ持っていけば買ってくれたので、本を売りました。そうして得たわずかなお金を、天理教の教会の賽銭箱に入れました。これが私の信仰の始まりです。やがて健康も徐々に回復に向かいました。

天理教の教会活動にかかわるにつれて、雪本先生が今度は「修養科へ行きなさい」と勧められました。私は言われるままに三か月間、天理教本部の修養科で学びました。そこで、天理教教祖・中山みき様の思想や事蹟に興味を持つようになりました。

修養科での修行を終えて自宅に帰ると、私は母に負けないぐらいに熱心に教会へ通い、また教会のお手伝いもするようになりました。

しばらくすると、雪本先生の勧めで、布教者になるための三週間の講習会を受けました。修了後は、路傍講演にも立って、熱心に布教活動を始めました。

やがて私は呉服の商売をしながら布教所を開設することを思い立ちました。自分が日々喜び一条という意味で、「日々喜《ひびき》布教所」という名前を付けて、天理教本部に申請して許可をもらいました。

不思議な忠告

ところが、私は布教者として真に資格のある者ではございませんでした。母親が喜ぶと思って始めたのですが、天理教会の活動を進めていくうちに、活動に疑問を感じるようになりました。やがて私は、呉服商の商売が忙しいという理由で、「布教所を返上したい」と申し出ました。本来なら許してもらえないのですが、粘りに粘って、五年ほどして布教所を返上しました。それで天理教の教会からは自由の身になりました。

一方で、同じころ、名古屋市にある愛町分教会の関根豊松《せきねとよまつ》という先生の存在を知りました。その方はたいへんな指導力を持っておられるということで、名古屋に出かけました。当時、関根豊松先生はすでに八十歳くらいでした。私は先生の魅力に惹かれました。

関根先生には、私の次男、三男、そして長女の名前を付けていただきました。次男に名前をつけてもらうようにお願いした際、関根先生は、「ああ、この子は普通並みにはいきませんよ。親がよほどの道を通り、陰徳を積まないとこの子は人並みに立ち行きませんよ」と、不思議な忠告をされました。そのときはわかりませんでしたが、実際そのとおりになりました。

次男が小学校に入学すると、授業についていけないのです。私は優秀でなくても勉強が普通にできたらよいと考えていましたが、関根先生の言われたとおりになりました。

私は自宅で次男に勉強を教えていましたが、学校の授業についていくのはとても無理と思えました。小学校のクラス担任からも「お子さんは特殊学級に入っていただくほかないですね」と言われて、私は頭を抱え込みました。

森信三先生とのご縁

子供のことで悩んでいるとき、私が小学校時代に習った露口忠春《つゆぐちただはる》という恩師が、息子の通う小学校の校長先生に赴任されました。私は挨拶に行き、「今二年生でお世話になっているうちの息子ですが、担任の先生から『特殊学級に入っていただくほかないです』と言われて悩んでいます」と話しました。すると、露口校長はその話題には触れないで、「私が今日に至っているのは、師範学校時代から現在までずっとご指導いただいている先生のおかげだ。それは森信三という先生で、今、神戸大学の教育学部におられる。その先生の全集が二十五巻出るんだよ。あなたも読んでみないか」と言われました。

私が、「大学の先生が書いたものは難しいでしょう」と言うと、「いやいや、難しいのもあるが、やさしい文章もあるから大丈夫だよ」と、露口校長は言われました。これが森信三先生を知ったきっかけです。さらに露口先生は「今度の授業参観で、森先生がお話しになるから、あなたも聞いてみませんか」と勧められました。

私は話を聞いてみたいと思い、授業参観に行きました。当時、呉服商が忙しく、店の者に「忙しかったら、すぐ迎えにきてほしい」と言っておいたので、講堂のいちばん後ろで聞いていました。すると、店の人が迎えにきたので、その日は途中で帰りました。

本来ならば、それで森先生との縁が切れるのだと思いますが、数日後、書店で偶然に森信三先生の本を見つけました。その本は棚のいちばん下段の隅っこにあり、『人生二度なし――働く青少年のために』（文理書院）という本でした。私は、この前の先生だと思い、パラパラと読んでみました。やさしく書いてあるので、これなら私も読めると思い、すぐに買って帰りました。

よくある青少年のための人生講話だと思って読み始めたのですが、「はあっ」と声を上げて驚いたことがありました。

それまで、モラロジーや天理教の理念は高いところにあり、私のような者にはとても実践できないと思っていました。ところが、森信三先生の教えはごくやさしく、日常茶飯事についてのことが書かれていました。

たとえば、食事の仕方については、「飯菜別食」と言って、ご飯とおかずは別々に食べなさいと書かれています。ご飯を口に入れたらよく噛んで、ご飯を噛み終えて喉を通ってから、次におかずに手をつけてよく味わって食べなさいと。これが小笠原流の美しい食べ方であるというのです。よく噛むから胃の患いはなくなるとも書かれていました。

また、風呂については、湯船に入るときによく掛かり湯をすること。上半身を濡らさないように、冬でもへそのところまでしか湯に浸からず、上半身が汗ばむくらい半身浴をするのだ、ということです。そして、夜寝るときには枕をしないほうが肩のこりが取れる、などです。

これならば私にも実践できると思いました。森信三先生の教えは実に日常生活の機微に触れて、すーっとわかりました。

「立腰」を実践する

さらに、人は姿勢から正す必要があるということを知りました。以前、父が岡田式静坐会の会員で、私にも読めと言わんばかりに机の上に機関紙をポンと置いておくので、岡田虎二郎《おかだとらじろう》という名前だけは知っていました。私は全く見向きもしなかったのですが、森信三先生の書物を読んでいたら、先生は十五歳のころから岡田式静坐を学んでおられ、岡田氏を師として仰いでおられることがわかりました。

岡田式静坐では、腰骨を立てるという「立腰《りつよう》」を重要視しています。座禅の方法を静坐道として近代化したのが岡田虎二郎氏であり、森先生はその静坐法を教育に生かして腰骨を立てる教育、つまり立腰教育を提唱されていました。父が実行していた静坐法を、森先生の書を通じて再び知るということは、不思議な縁だと思いました。

私は今年（平成二十三年）、八十五歳ですが、現在も元気でいられるのは、森先生からこの身心相即、すなわち、心をしゃんとしようと思ったら、まず自分の身体の姿勢から直せということを教えられたからです。そして身体をしゃんとするには腰骨を立てる日常生活が必要なのです。

立腰とは、腰骨を立てることです。要領は次のようなものです（図1）。

まず、お尻を後ろに突き出し、腰椎をおへそのほうに突き出す。そして、腰骨の一点をキリッと締め上げることです。腰骨を立てるということは、姿勢を正すことですが、全身を緊張させるのではなく、肩や手に力を入れないで、気持ちを腰骨に集中させるのです。

こうして私は三十八歳のとき、立腰ということがいかに大切であるかを教えら

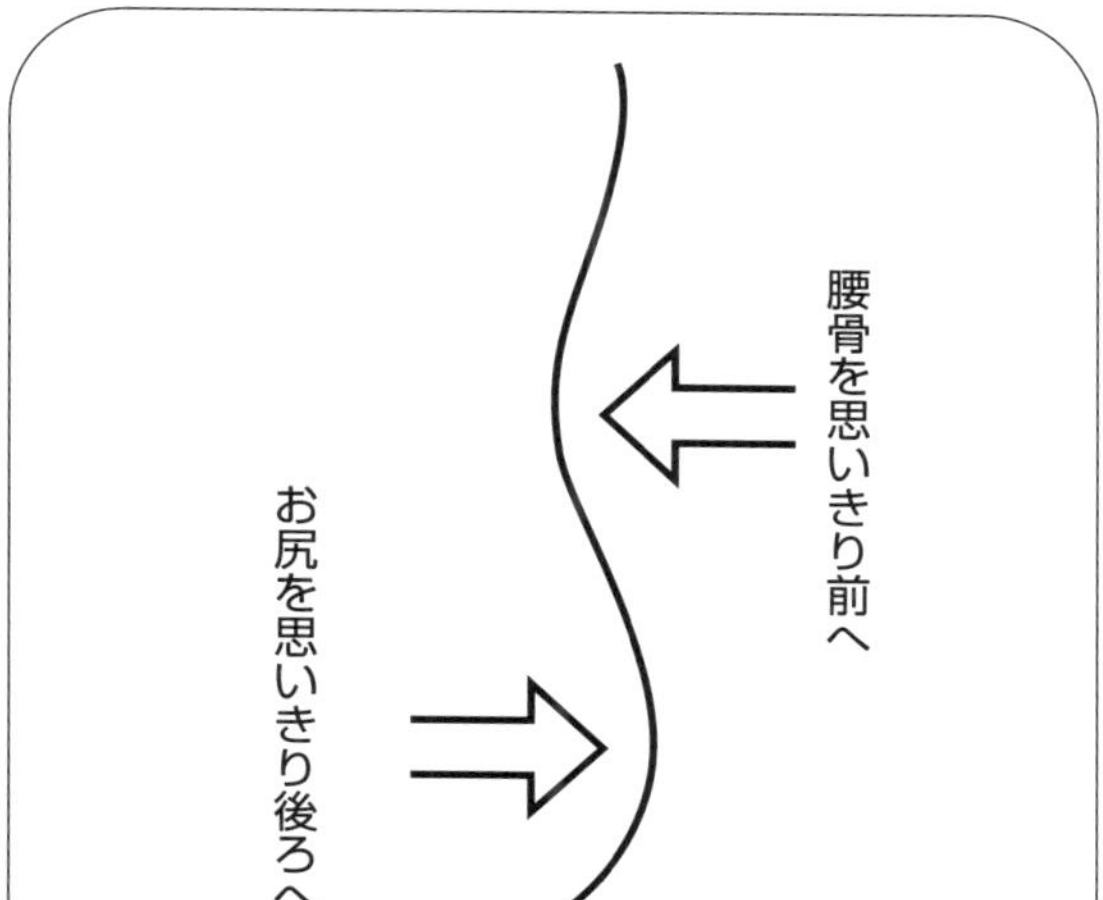

図１

れたのです。それまでの私は、やる気があっても、何か一つの物事を成し遂げることができなかったのです。立腰を教えられ、実行したおかげで、集中力と持続力、そして平衡バランスをとることができるようになり、分に応じた仕事をやり切ることができる人間になりました。それまでの私は、することが中途半端でした。立腰が身に付くと、物事に集中することができて、私なりに完結することができるようになりました。これは身心相即の理を教えてくださった森信三先生とのご縁をいただいたからです。

心に響いた森信三先生の言葉

小学校時代の恩師の導きで森信三先生の著作に触れ、傾倒していった私は、まず比叡山で行われる森先生主宰の研修会に参加しました。この研修会の参加者は学校の先生方ばかりで、商人は全くなく、とりわけ呉服商人は私一人でした。大変なところに来たと思いましたが、森信三先生のお話をうかがうと、一語一語が心に響くのです。

モラロジーで聞く廣池千九郎博士のお話や天理教で聞く教祖・中山みき様のお話にも

尊い教えがありましたが、それとは違う、何か私の心にぴったり響くような表現力を、森先生は持っておられました。

感激した私は、すぐに森先生の語録をまとめ、発刊することを決意しました。

私が森信三先生の語録集をつくることを話すと、並みいる門下の人たちから、「寺田さん、それは無理だよ。あんた商売人だろう」「教育の専門のことはわからないだろう」「寺田さんは森先生に接した期間も短いだろう」と言われました。

多くの方から無理と言われましたが、私は内心ではきっとできると思いました。なぜなら、森先生にお会いしてから、先生の講演会や読書会に欠かさず出席して、それを筆記していたからです。

それからの私は、本格的に森信三先生の教え一筋に生きて、先生の講演を直接聞くだけでなく、対談や読書会で聞いたことを書き留め、さらに先生のご著書から選び出したことをいろいろ集め、語録にまとめていきました。先生の言葉の一つ一つが、私の心にぴったりと来るのです。その筆記から精髄を抜き出して十年の歳月をかけ、『森信三先生「一日一語」』という語録集を完成させました。最初は自費出版でしたが、好評で後日、致知出版社から発行されました。それが『森信三一日一語』です。現在では、自費出版時代の分も含めて二十数万部ほど発行されています。

それから、森先生の雅号「不尽」にちなんで、不尽叢書刊行会をつくりました。昭和五十四年に『不尽叢書』（全五冊）、『親子教育叢書』（全六冊）を完結発行。不尽先生の座談集の『森信三先生随聞記』（致知出版社）や『森信三・魂の言葉　二度とない人生を生き抜くための365話』（PHP研究所）など、これに類するような書物を多くつくりました。

先日、雑誌『道経塾』（モラロジー研究所）を読んでいると「書に学ぶ」という特集がありました。その中で、「森信三氏は、読書を『心の栄養』として生涯やめず、『乗り物に乗って二分以内にパッと本が開けるかどうか』を自分の気力体力のバロメーターにした」という言葉を紹介していただきました。『道経塾』の編集者がこのようなところまで読んでくださっていることを、ありがたく思いました。

三十八歳から八十三歳に至る間、森信三先生の本を出し続けました。女性向きには『女人開眼抄』、教育者には『生を教育に求めて』（ともに不尽叢書刊行会）など、さまざまなものをつくって今日に及んでいます。

師の教えを生活に活かして

ここで簡単に、森信三先生の略歴を紹介します。

先生は、明治二十九年（一八九六）、愛知県知多郡武豊町に生まれました。両親の不縁より、三歳のとき、愛知県半田市の森家に養子として入籍。半田小学校高等科を経て、名古屋第一師範学校に入学。その後、小学校の教師を経て、広島高等師範学校に入学し、西晋一郎先生に出会います。哲学を学びたいという思いがあって、京都帝国大学哲学科に進学して、西田幾多郎先生に学ばれました。同大学院を経て、天王寺師範学校専任教諭となり、その後、旧満州の建国大学の教授に赴任されます。しかし、敗戦後、九死に一生を得て帰国し、全国教育行脚のすえ神戸大学の教授に就任されます。

私がお出会いしたのは神戸大学の教授のころです。森先生の教えは、日常茶飯の生活習慣を正すことから始まります。先生のご指導により腰骨を立てることを生き方の根幹に置いています。弱かった私が元気になり、今でも富士登山をしています。今、私が目

生前の森信三氏

標としているのは、九十歳で富士山へ登ることです。九十歳で富士山の頂上に登ると、これまで登頂した人の年齢では上から十番以内に入るのです。現在の最高齢は九十六歳ということのようです。

私は、想念力・立腰力・呼吸力の三つが人間形成に大事なことだと常々考えています。

想念力とは、精神力と言い換えてもいいでしょう。思いや考え、そして志《こころざし》や信仰・信念を総合したものです。

また、体力つまり立腰力も大切ですが、呼吸も大事です。呼吸というのは案外軽く見られているのです。人間は二十日ぐらい食べなくても死にません。しかし、呼吸は五分も止められません。呼吸力とは、要するに正しい呼吸であり、その要領は鼻から深く吸息し、充息（丹田充実）し、鼻から吐息（吐き切る）することです。これを十回繰り返す。これは十息静坐法と名づけられています。

森先生をとおしてこれらを教えられたことは、たいへんありがたく思います。とりわけ立腰を教えられたことは、私の生涯の宝です。

国民教育の師父・森信三

森先生の書物は人間の生き方の原理原則に関するものが多く、「人生二度なし」の宗祖とも言えるのではないかと思います。この「人生二度なし」の言葉には、三つの意味があります。一つめは、人生は一回限りで、二度と同じ人生を歩むことができない。二つめは、この地上に同じ人間は二人といない。三つめは、人生は有限であり、必ず終末がある、ということです。

『森信三全集』二十五巻（実践社）と『森信三続全集』八巻（同）の著作のほぼ六割は教育関係で占められています。その『続全集』八巻は私が編集させていただきました。森信三先生は全国行脚をされた「国民教育の師父」であるとも言えるでしょう。この評価はもう歴史的に見ても定着しているのではないかと思います。

森先生の考え方や教えは、倫理哲学一辺倒ではなく、一つの新しい学問の試みとして、「全一学」と呼ばれています。これまでの日本の哲学は、西洋哲学の紹介で終わっているところがありました。「全一学」は、学者とそれ以外の人の間に境界線を設けないのが特徴で、実践を重視した日本人らしい哲学、日本人にふさわしい哲学という意味で使われています。要するに倫理、哲学、宗教を包括したような学問です。

また一方、森先生は無類の読書家です。森先生は万巻の書を読み、万里の道を行くがごとき苦労もされています。広島高等師範学校で東洋哲学の権威者・西晋一郎先生に就き、それに飽き足らず大学で西洋哲学を専攻しました。禅と西洋哲学を修めた西田幾多郎先生にも学び、当時の日本哲学界の両巨頭に仕えて徹底的に勉強しています。その後、西田幾多郎先生に学びながらも、哲学者としての方向を異にし、京都帝国大学大学院を卒業すると、天王寺師範学校という一師範学校の教諭に就かれました。今の高校一年生ぐらいの生徒に修身を教えたわけです。それが今『修身教授録――現代に甦る人間学の要諦』（致知出版社）という名著として出版されて、多くの人に読まれています。

成長のための三大条件

森先生の言葉は私の心的波長にぴったり合い、その一語一語がビンビンと心に響きました。森先生の言葉で好きなものの一つは、「逆境こそは神の恩寵的試練なり」です。逆境が神の導きによる恵みの試練になるということです。

森先生は、人間形成のための三大条件として、「先天的素質」「師教」と並んで「逆境」を挙げられます。いくら立派な師に就いて学んでも、真理が身に付くにはやはり逆境を通過しなければなりません。人間は逆境を経ることによって、真理が身に付き一人前に成長できるのでしょう。

森先生は学者ですから、難しいことはいくらでも言えるのです。しかし先生の教えは、天上に輝く万華鏡たるにとどまらず、アリやミミズの這う大地まで降りて教えを説いてくださっています。子供でもわかるように、やさしく説いてくださっています。

その代表的なものが、家庭における「三つのしつけ」です。「挨拶のできる子にする」「ハイと返事のできる子にする」「脱いだ履物を自分でちゃんとそろえて、椅子から立ったら机の下に収める子にする」の三項目です。

このような簡単なことを身に付けさせ、実践させるのも、その裏には原理原則があります。その原理原則を実現するにはどうすればよいかという方法論を、こうしたやさしい言葉で事細やかに説かれているのです。しかも「しつけはお説教ではできない」という原則が貫かれています。

師の細やかな心配り

モラロジーの創建者・廣池千九郎博士も日常の細やかな実行を説かれましたが、私がモラロジーに出会ったときには既に亡くなられており、身近に接することはできませんでした。『道徳科学の論文』などの残された書物をひもとくと、学問上の難しいことや原理原則が目に入るので、実践するのは大変なように思われます。しかし、博士に身近に接していた門人たちは、自分が教えられた日常の細やかなことを記録されていて、そうした具体的な教えが『改訂 廣池千九郎語録』（モラロジー研究所）などに収められています。

私もそうした門人の方々と同じように、森信三先生に二十七年間接することができましたので、いろいろと細やかなことを教えていただきました。たとえば、尼崎にある森先生の自宅に泊めていただいた際、こんなことがありました。

朝になると、「寺田さん、味噌汁もできたし、玄米も炊けているから、一緒に食べよう」と言われて、台所の丸テーブルで先生と一緒に朝食をごちそうになることになりました。

寒い朝でしたので、私はまず味噌汁を口にしようとしました。すると、先生は「ちょっと待った。ご飯が先だ。ご飯から食べて、そしてその次にお味噌汁をいただく。これが順序です。ものには順序がある。味噌汁を食べてご飯じゃないんだ。ご飯が先で、その後にお味噌汁です」と言われたのです。

直接、師匠に接していると、そのような細やかな注意をいただくことができます。

あるときは、「寺田さん、あなたは脱いだ履物のそろえ方も知らんのか」と言われました。私はちゃんとそろえているつもりでしたが、先生がおっしゃるのは、「後から来る人のために、位置に気をつけて並べていますか」ということなのです。

また、葉書の書き方にも順序があると言われました。まず相手の名前から先に書き、次に郵便番号を書いて、住所を書きます。そして裏返して、本文を書き始めるのです。物事には順序があるということを教わりました。

本の読み方にも順序があります。まず目次をしっかりと読み、序文を読んで、あとがきを読んで、それから本文の一ページ目を読み始めるのです。そういう細やかな注意が『森信三先生随聞記』（致知出版社）に記録してあります。

一元三間の法

森先生の教えは学校教育の現場でも、また職場でもよく活用されています。「時を守り、場を浄め、礼を正す」という言葉があります。先日、御殿場市内のある中学校を訪ねると、この言葉が校訓として掲示されていました。また、数年前に沖縄の那覇高等学校へ行ったら、校舎の屋上から、「時を守り、場を浄め、礼を正す　森信三先生の言葉なり」という垂れ幕が掲げられていて、校長先生にうかがうと、前校長がこの言葉を取り上げ、それを踏襲しているということでした。

この言葉は、一元三間の法として、

時を守り——時間（天）
場を浄め——空間（地）
礼を正す——人間《じんかん》（人）

｝一元とは大宇宙の意志が万象を統《す》べたまふ

と解しています。

私はこれを守・浄・正の原理とも、天・地・人の原理とも申しております。時間・空間・人間を離れて、私たちの生存はあり得ないからです。

ここでは、いかに時間のルールを守ることが大切か、そして与えられた場（空間）の浄化、すなわち整理・清掃がいかに大事かを教えられます。

次に人間関係においては「礼」を尊重することが、生きる上での基本中の基本です。礼とは、①挨拶、②愛語、③愛敬の「三あい」が考えられます。今から約四百年前、近江の小川村（現在の滋賀県高島市）に先哲・中江《なかえ》藤樹《とうじゅ》先生がおられ、宇宙の根本霊として太虚皇上帝の存在を説かれ、根本の徳として愛敬を説かれました。その方法論として、五事を正すことを力説されました。

五事とは貌《ぼう》・言《げん》・視《し》・聴《ちょう》・思《し》です。貌とは顔つき、表情です。言とは、ことばづかい、視とはまなざし、聴とは聞く態度、思とはおもいやりということです。この五事を正すことによって、愛敬の徳を身に体することができます、と説いてくださっています。わかりきったことではありますが、生き方の基本を、すでに四百年前に説いてくださっているのです。

多くの先師に出会う

一人の師に接すると、その師をとおして多くの方に接することができます。私も森先生を通じて、日本のペスタロッチと言われた東井義雄先生にお出会いすることができました。東井先生は、「身近な人のご恩がわからなければ、真の幸せには巡り会えない」「拝まない者も拝まれている。拝まない時も拝まれている」という言葉も残されています。また、小学校教師で超凡破格な教育者と言われた徳永康起先生。徳永先生は、「マナコを閉じてトッサに親の祈り心を察する者、天下第一等の人材なり」と述べられています。

それから詩人の坂村真民先生、現在活躍されている鍵山秀三郎先生などに接することができました。

「ＮＰＯ法人　日本を美しくする会」の会長（現・相談役）の鍵山先生には、平成四年二月、「実践人の家」の経営研究会におきまして、「凡事徹底」と題して、初めてご講演をいただきました。私はその講演のテープ起こしをして小冊子として発行し、引き続き鍵山先生の講演録を十冊ばかり刊行させていただきました。

そのほかに親しくさせていただいた方で、医師の甲田光雄先生がいらっしゃいます。この方も森先生のご縁で知り、健康上の指導を受けることができました。さらに、百二歳で亡くなった医師の塩谷信男先生からは「正心調息法」という健康呼吸法を習いました。現在、塩谷先生の『自在力　呼吸とイメージの力で人生が思いのままになる』(サンマーク出版)という本が有名になっています。

また、森先生を通じて新井《あらい》奥邃《おうすい》(一八四六〜一九二二)というキリスト教関係の先生を知ることができました。この方は米国赴任の初代公使・森有礼に随伴、留学生の一人としてアメリカに渡った人で、三十年間アメリカ・ニューヨーク郊外のハリス農園にて農業をしながら聖書の研究をし、その後、日本にトランク一つで帰って来ました。内村鑑三先生と一度会われただけで、あまり多くの人に知られていませんが、この方の語録がすばらしいのです。そこで、『聖言』として編集発行いたしました。

奥邃先生の根本思想は「謙」の一語につきます。廣池千九郎博士にても、「謙尊而光（謙は尊くして光る）」というすばらしい書蹟を拝見したことがありますが、奥邃先生は、一貫して「謙」の徳を重んじられました。その一部をここに紹介いたしましょう。

○謙常に位を最下位に定む。其の最下は汚下に非ざるなり。之れを霊界の大盤根と謂ふ。
○謙は猶愛の如きなり。愛は猶謙の如きなり。相ともにして離るべからず。
○謙は生命なり。故に謙ならざれば生命を得ず。
○謙を始めとす。また謙を終りとす。真黙の音は万声を貫く。
○日に月に謙を以て謙を学び、日に月に謙に居て謙を行はむ。
○無上の愛にして無下の謙。愛は父の如く、謙は母の如し。

私はこのようにして、森信三先生からいろいろな方をご紹介いただき、教えを受け、今日に及んでいるのです。

「孝」の哲理について

若いころにモラロジーの「伝統」の話を聞いたとき、私は「孝」の意味が肚にストンと入らず、モヤモヤした気持ちを抱いていました。

それが四十一歳のとき、森信三先生から、「親から受けた恩の有無厚薄を問わない。父母即恩である」という西晋一郎先生の言葉を教わったのです。この一語によって、多年にわたる迷妄の根が切れました。親から受けた恩があるとかないとか、厚いとか薄いとかということが問題ではないのです。私は恩恵を比較し、相対的に見ていたから、ストンと肚に入らなかったのです。父母及び祖先がいらっしゃって、今日、自分が存在しているということは、比較相対を超えた「絶対恩恵のかたまり」である、ということに気づかしめられました。

このとき、私は「相対を超えないと真理には到達しない」ということを教えられました。この相対観の超脱が般若心経の「空」の哲理でありましょう。相対とは、賢愚・優劣・美醜・勝敗・損益・好悪・喜憂等々でありましょう。

この世にこの身この生を享けしは父母ありての故なり。しかもわが生は、わが選びしに非ず、己が思慮分別を超えたる運命的所与とや云わむ。而して父母もまた然るなり。父母もまた連綿たる父祖の生命を継ぐものなり。かくて無量の業縁を承けてわれ今ここにこの生を享く。まことにこれ厳粛たる絶対事実にあらずや。

森信三『不尽小典』より

また、中江藤樹先生の学問の根本も「孝」の哲理であります。藤樹先生によりますと、親への孝養は、単に自分を産んでくれた一人の親を大事にするというだけでなくて、自らの親への愛敬奉仕をとおして、実は宇宙の根本生命に帰一することにほかならないのです。

ここに至って、廣池千九郎博士がよくおっしゃった「伝統報恩」の一語が、私のような愚かにして不徳な人間にも初めて納得できました次第で、つくづくなんと、八十歳を越えて気づくという至らなさを痛感してやみません。

『伝記 廣池千九郎』を拝読して

モラロジーの「最高道徳の格言」に、「自ら運命の責めを負うて感謝す」があります。この格言は、善きにつけ悪しきにつけても運命は自分が招いたものと思うだけでなく、与えられているすべての境遇を絶対肯定し、すべてに感謝するという意味です。ここにも比較相対を超えた真理があります。私はこの格言が好きで、ありがたい言葉であると思っております。

私は次の三か条を常に唱え、心構えの根本にしたいと念じております。

絶対肯定　ありがとうございます
絶対感受　ありがとうございます

絶対感謝　ありがとうございます

この言葉を念唱したいと願っております。

廣池千九郎博士の残されたものの中で、私がいちばん魅力を感じたのは、この「最高道徳の格言」です。「慈悲寛大自己反省」という格言がありますが、このような心境になることはなかなか難しいと思います。『伝記 廣池千九郎』（モラロジー研究所刊）を読ませていただきますと、「苦労辛酸」と言うのでしょうか、「拳拳服膺《けんけんふくよう》」と申すのでしょうか。廣池博士は物心両面においてすべてを無駄にせず、全身全霊をかけて誠実に、できるだけ時間を無駄にしない方法で学ばれています。青年期には大分師範学校の試験に二度も落ちていらっしゃいますが、それで漢学塾に入って勉強されます。大変な苦学をし、全力を挙げて学問に打ち込まれました。そうした廣池博士の歩みを知れば知るほど、「自負運命之責感謝（自ら運命の責めを負うて感謝す）」という格言が、心に響くのです。

次に印象深いものが、「深信天道安心立命（深く天道を信じて安心し立命す）」です。そして、特に実践的なもので最も好きなものは、「持久積微善而不撓（持久微善を積んで撓まず）」というものです。この言葉は、私が尊敬してやまない鍵山先生の「一つ拾えば、一つだけきれいになる」という言葉に相通じるものがあります。煙草の吸殻一つでも拾えば、それだけその場が浄化されましょう。鍵山先生は、これを「下坐行《げざぎょう》」と教えられています。

真の愛とは

森信三先生の『修身教授録』の中に、「人の一・五倍働いて、収入は人の二割減というところに、心の腰を定めよ」という言葉があります。

この一語に、鍵山先生はいたく感激されたということです。今一つ、「教育とは、流水に文字を書くごとくはかないものです。しかし、巌壁《がんぺき》に刻むような真剣さで取り組まなければなりません」という森信三先生の話に、深く感動せられたようです。森先生でさえそのような思いをせられたのかと、いくたびか思い直され、「掃除」に取り組まれたということであります。

鍵山先生は、整理・整頓・掃除という凡事を徹底して実行されていますが、根底に哲理というものを持っておられます。天地の理法を身に付けておられます。でなければ徹底した実行はできません。人に施しもできません。損をかけられたら我慢できません。

十五年ぐらい前のある日、身なりの芳しくない髭面《ひげづら》の人が私の家の前をうろうろしていました。何事かと思っていると、やがて「寺田さんですか。お宅に鍵山社長さんの本があるでしょう」と声をかけられました。私が編集発行させていただいた本ですから、自宅には何種類もあります。それを持ってきて見せると、「これとこれを百冊ずつください」と言われます。

その方は神戸から車で来たということでした。私が「では、震災に遭われたんですか」と聞くと、「震災に遭って、家が倒れて、今、仮設住宅に入っています。実は、私は自動車用品を扱っていて、今から二十年前に鍵山社長に莫大な損をかけています。ところが、震災に遭ったら、鍵山社長は仮設住宅を回って私を探し出し、お見舞金をくださいました。私は今、何もお返しができません。せめて鍵山社長さんの本を皆さんにもらってもらうことで恩返しがしたいのです」ということでした。

鍵山先生は、これまで取引先からどれだけ損をかけられてきたことか。しかし、それを損益の相対の世界を超えた「絶対」の修行をさせてもらっていると自覚されています。

ところで私は、絶対観から愛というものを考え、「真愛五か条」として備忘録に書きつけています。

一、真の愛とは、見返りを求めない。
一、真の愛とは、よく忍び、よく耐える。
一、真の愛とは、裁かずに赦《ゆる》す。
一、真の愛とは、下坐にして謙虚。
一、真の愛とは、明察の知恵をもつ。

真の愛とは、廣池千九郎博士の「慈悲寛大自己反省」のご精神そのものです。

人生のコンバージョンについて

大正元年（一九一二）、廣池千九郎博士は法学博士号を取得されますが、前後して大病を患われます。病院に入院はしたけれども、もう助かる見込みがないと告げられます。そして、求道の遍歴を経て天理教団に入られ、天理中学校の校長に就任されました。

廣池博士は大患によって、「自分はいろいろな本を読み、苦学し、勉学に努めたけれども、やはり神意実現というものは足らなかった」ということにお気づきになったと思います。そして、廣池博士は病気という逆境を神の恩寵的試練であると考えられました。天理教の教団内で、廣池博士が教会で話をされたという記録を読んだことがあります。廣池博士の話には独特の響きがあり、多くの人々の記憶に残ったようです。しかしながらその後、廣池博士は天理教教団改革の必要を訴えたため、大正四年に教団から退くことになります。これは廣池博士の人生における大きなコンバージョン（転換）となりました。

実は、森信三先生も同じような道を歩まれています。森先生は、師範学校の卒業時の論文として師範学校批判論を書かれました。すると、優等生として表彰されるところを差し止められ、「こんなことを書く学生はあるか」ということで、お叱りを受けられたのです。

廣池千九郎博士も森信三先生も、現実を見て問題点を指摘したのでしょう。それは団体をよりよく改革しようと思われての改革案だったのだと思います。しかし、廣池博士はそのことで周りから批判されて、膨大な蔵書を置いたまま身体一つで団体を後にせざるを得ませんでした。ここで、本来ならば相手を憎むべきところを、廣池博士は慈悲寛大の心、つまり相手を責めるのではなく、自らを内観、大反省をされたのです。この大きな心の転換がそれ以後の人生につながり、モラロジーの創建と人心救済の大事業に発展せられたのだと思います。ここのところの大転換が、何よりも神意実現への大転機となられたと知り、〝なるほど〟という気持ちにさせてくれました。

森先生にも心を大きく転換された出来事があります。異国で敗戦を迎え、奉天にて凍餓死の覚悟すらせられたところ、九死に一生を得て帰国せられたときの自銘の句が残っています。

学者にあらず
宗教家にあらず
はたまた教育者にあらず
ただ宿縁に導かれて
国民教育者の友としてこの世の
生を終えん

（終戦帰還間もなき日に）

このような決心覚悟の表明です。まさに森先生の生涯における一大コンバージョンです。

人はこのようなコンバージョンを経て、大きく成長していくのでありましょう。

逆境は神の恩寵的試練なり

一般的に、逆境とは肉体の病気、お金の苦労、そして人間関係の苦労の三つに集約されます。森先生もしかりで、お金の苦労もずいぶんされています。また、満州で終戦を迎えて命からがら帰国し、肉体的な苦労もされています。人間関係でも、奥さんが十五年間入院せざるを得なかったこと、ご長男の急死などもありました。さらには幼いころ、縁もゆかりもない他人の家へ養子に出されたという逆境も体験されました。

廣池千九郎博士も、若いときから勤勉力行された無類の努力家であり、寝る間も惜しんで勉強され、大きな成果を残されました。その間、病気をはじめさまざまな苦労をされた結果、「慈悲寛大自己反省」という世界の諸聖人が示された精神に目覚められたわけです。

廣池博士は大正元年の大患と大正四年の天理教本部よりの脱退という困難をとおして、聖人偉人と言われる方たちの境地に一貫するものを把握せられたのです。

かの二宮尊徳翁もしかりです。廣池博士も自己の体験と重ね合わせて、農聖二宮尊徳翁の事蹟に触れておられるようであります。尊徳翁は酒匂川《さかわ》が決壊したことによる田畑の流失、その災禍による一家没落、また両親の早逝という困難な境遇を乗り越えて、一家の再興を果たしたことから、小田原藩主大久保侯の認めるところになり、分家桜町の復興を命ぜられました。そこで種々の手を打つわけですが、小役人の反対、攻撃・讒訴《ざんそ》を受けました。そそのかされた村民によっても、しばしば復興再建の方途がさえぎられ、軌道に乗せることができませんでした。そのすえに、村民に黙って千葉県の成田不動尊で、水ごり断食行の修行に入られたのです。

その結果、不動尊のお告げにより、「一円融合」の悟境を授けられ、反対攻撃の対立者も排除することなく、慈悲寛大の境地に導かれたのでした。それ以降は、桜町再興の事業は順調に進み、藩主との約束の十年で復興再建を果たし得たのです。

尊徳翁の実例は、廣池千九郎博士の回心体験に通じるものがあると感じられてなりません。

谷川記念館を訪れて

私はどうしても廣池博士の終焉の地を訪ねたいという思いがあって、先日、群馬県のモラロジー研究所の谷川講堂に宿泊し、お風呂に入らせていただきました。

廣池千九郎谷川記念館には、「浴場は万人の霊肉を助け、品性は家運長久を生ず　昭和十二年三月」という一節があり、心打たれるものがありました。

お風呂に入ると、廣池千九郎博士の「霊肉をあわせ救う」というお心を肌で感じることができました。温かい湯船とぬるい湯船に交互に入ったり、また一人だけの浴槽にも入ったりして、廣池博士のお慈悲を感じさせていただきました。

翌日、廣池博士の臨終の地である大穴記念館にうかがいました。そこで、博士が最後にご子息の千英先生に抱えられて、岩場を通って入られたという洞窟のお風呂も見せていただきました。

森信三先生しかり、また天理教の教祖・中山みき様しかり、それから廣池千九郎博士しかりで、後世に至るまで人々に敬慕され、そして教えが永遠に残るということの根底には、過大な神の試練と言うべき事実があると思います。神の恩寵的試練を通過しなくては、真のコンバージョンに至ることなく、真理が身に付かないのではないかと痛感いたしました。

廣池博士の第三回目の開眼

廣池千九郎博士の大正元年の大患（第一の開眼）と、大正四年の天理教の公職を退くときの第二の開眼について、先に述べましたが、昭和六年の四月二十五日、群馬県川古温泉において、漢詩を詠んでおられます。

無韻之詩

川古温泉　新築屋　　川古温泉、新築の屋
粗造板壁　如牢獄　　粗造なる板壁は、牢獄のごとし

多年研鑽　悟天意　　多年の研鑽、天意を悟る

安臥只行　無為化　　安臥し、ただ行いて、無為にして化す

大正十五年に『道徳科学の論文』を著し総合人間学モラロジーを創建された廣池博士は、その普及活動を進めつつありましたが、このころまたしても病に苦しめられていたのです。その後、廣池博士は療養のため新潟県の栃尾又温泉へ移動せられましたが、病状は一進一退を繰り返し、その地において次の辞世までつくられるに至ります。

我身《わがみ》今日神之御傍《みそば》にかへり行きて

誠之人を永く守らむ

ここにおいて、廣池博士は自我没却、神意同化の極点にまで到達しておられます。これが第三の開眼とも言えましょう。このときの経緯が『伝記 廣池千九郎』において詳しく述べられています。この後も困難な状態は続くのですが、四か月後、大阪毎日新聞

社主催の講演会において、モラロジー教育の第一声を発するに至りました。

かくの如く、常に極度の難病による最至難の状況において、神意同化・神意実現の決心覚悟を新たにせられ、新天地の開拓に一歩を成就しておられるのは、不思議と言えば不思議と言うよりほかございません。

そして、「わが身自《みずか》らたいまつと為りて世界を照すなり　モラロジーの父」と記し、昭和十三年六月四日、地上の生を終えられました。そして次の遺詠を遺され、幽明界を異にせられました。

とこしべに　我《わが》たましひは　玆《ここ》に生きて
御教《みおしえ》守る人々の　生れ更《かわ》るを祈り申さむ
モラロジーの父

感謝の結び

このように私のお粗末な求道遍歴を語りつつ、創開の祖師ならびに宗祖について、その教えの根幹に少し触れさせていただきましたが、なんと申しましても、生身の師に多年にわたり触れ得たのは、生涯の師・森信三先生のみであります。

森信三先生から明確に指摘されました。「キレイゴトの好きな人は、実践力が弱い」と。また、「足下のゴミ一つ拾えないで、何が実践か」とおっしゃっていただきました。「朝のアイサツ人より先に、これは人間としての最低の義務です」「見送り不要。この交差点で別れよう。永訣の予行演習です」という、凛《りん》としたお声が今も耳に残っています。

数々の厳しいご指摘をいただきつつも、しかも齢八十路を超えつつも、今なお慎みをわきまえぬ愚かな姿を恥じ入るばかりです。

また、あるときには「陰徳を積むことによって業《ごう》の根が細くなる」「下坐行を努めることによってはじめて人間は謙虚たり得る」「私も八十を過ぎて気づいたことは、天上の星のごとく、この世には、なんと卓《すぐ》れた人の多いことか」という森先生の言葉を聞きました。

森信三先生の道縁をとおして現世において直接に接し得た今一人の師・鍵山秀三郎先生から、「続けると身に付く、身に付くと続けられる」「大きな努力で小さな成果」「眼前のお掃除によって心は磨かれる」として、微善大差の行いの数々を教えられました。

思えばなんと、直接に間接に垂示くださった師の教えの数々は、ありがたくも、もったいないことであります。この稿を終えるにあたり、今生において得難い先師の大恩に、満腔の感謝あるのみです。最後に「真理は現実の眼中にあり」「真理は感動によって授受される」「かくして得られた真理によってのみ、現実を改革する力を有する」という森信三先生の言葉を記しておきたいと思います。

森信三先生は平成四年（一九九二）に亡くなりましたが、二〇一〇年から二〇一五年は日本の混迷の時代で転換期であると言われていました。二〇二五年になれば、日本は少し上向くであろう。そして、二〇五〇年になったら、世界列国から〝なるほど、さすがに日本民族は底力がある。世界の民族のリーダーたるべき素質がある〟と言われるようになり、「日本人はいまこそ目覚めるべき時ぞ来たれり」と言われています。

二〇一〇年から二〇一五年の今、その混迷期の最中です。しかしながら、この先に向けて、わが国の目覚めが始まることでしょう。

廣池博士も日本の将来に苦難が来るということを予測しておられます。二〇二五年というと、私は九十九歳になります。ちょうど白寿の年です。

以前、詩人の坂村真民先生と『致知』（致知出版社）という雑誌で対談をしたことがあります。私が坂村先生のお家まで行きました。その取材の折、坂村先生は私に「弟子たる者は、師の年齢だけでも超えなくちゃ駄目ですよ、寺田さん」と言われるのです。師の能力とか徳の力とかは超えることはできなくても、せめて年齢だけでも超えなくては駄目だというわけです。森先生は九十七歳まで生きられました。それを超えるのは容易ではありません。そのように考えると白寿、つまり九十九歳まで生きなければならないと思い、私はこのごろ、おおっぴらに、「私は坂村真民先生からこう言われたので、一応九十九歳まで生きることを目標にしているのです」と話しています。

森先生が二〇二五年になれば日本は上向くと言われているのですから、それを見届けないといけないと思っております。

いろいろ申し上げましたが、人間は自立貢献できる人間にならなければなりません。国もそうですが、しっかり自立しないと駄目なのです。そして世界に貢献していく日本、世の中に貢献できる人間であらねばなりません。人間としても自分で立ち、かつ人様のため、さらに世のために貢献できる人間というのを目標にしたいと思っております。

これにて拙稿を終わります。最後に、かく小冊子にまとめていただきましたモラロジー研究所のご厚意、ならびに当研究所出版部の外池容様にたいへんご面倒をおかけしたことを感謝し、この粗稿を終わります。また、最後までお付き合いをいただきました読者の皆様に、ひたすら合掌あるのみです。ありがとうございます。

寺田一清（てらだ・いっせい）

昭和2年、大阪府生まれ。旧制岸和田中学を卒業。東亜外事専門学校（現・麗澤大学）に進学するも病気のため中退。以降、38年間、家業の呉服商に従事。昭和40年、38歳のとき森信三氏に出会い師事し、著作の編集発行を担当する。森氏が創設した社団法人「実践人の家」の常務理事を長年務める。
現在、不尽叢書刊行会代表。編著書に『森信三一日一語』『森信三先生随聞記』『鍵山秀三郎語録』『西晋一郎語録・人倫の道』『10代のための人間学』『父親のための人間学』『家庭教育の心得21——母親のための人間学』『二宮尊徳一日一言』（以上、致知出版社）、『「三つのしつけ」——親も子も共に育ちましょう』（登龍館）など多数。

人は終生の師をもつべし

平成23年3月1日　初版発行

著　者　寺田一清
発　行　公益財団法人 モラロジー研究所
〒277-8654 千葉県柏市光ヶ丘2-1-1
TEL.04-7173-3155（出版部）
http://www.moralogy.jp/
発　売　学校法人 廣池学園事業部
〒277-8686 千葉県柏市光ヶ丘2-1-1
TEL.04-7173-3158
印　刷　シナノ印刷株式会社

ISBN978-4-89639-197-8